Müminlerin En Sevgili Annesi

Hazreti Âişe

(radıyallahu anha)

Gül Devri - 7

Müminlerin En Sevgili Annesi

Hazreti Âişe

(radıyallahu anha)

Dr. Ömer YILMAZ

Gül Devri - 7

MÜMİNLERİN EN SEVGİLİ ANNESİ
HAZRETİ ÂİŞE
(radıyallahu anha)

Editör
Erol ERGÜN

Görsel Yönetmen
Engin ÇİFTÇİ
Ali ÖZER

Grafik Tasarım
Bekir YILDIZ

Kapak
Nurdoğan ÇAKMAKCI

ISBN
978-605-5130-17-6

Yayın Numarası
645

Basım Yeri ve Yılı
Çağlayan A.Ş.
TS EN ISO 9001:2008
Ser No: 300-01
Sarnıç Yolu Üzeri No: 7 Gaziemir / İZMİR
Tel: (0232) 274 22 15
Mayıs 2013

Genel Dağıtım
Gökkuşağı Pazarlama ve Dağıtım
Merkez Mah. Soğuksu Cad. No: 31 Tek-Er İş Merkezi
Mahmutbey / İSTANBUL
Tel: (0212) 410 50 60 Faks: (0212) 445 84 64

Muştu Yayınları
Bulgurlu Mahallesi Bağcılar Caddesi No: 1
34696 Üsküdar / İSTANBUL
Tel: (0216) 522 11 44 Fax: (0216) 522 11 78
www.mustu.com
facebook.com/kitapkaynagi

İçindekiler

Gerçekleşen Rüya

Sevgili Peygamberimiz (sallallahu aleyhi ve sellem) bir rüya görmüştü. Rüyasında, kendisine vahiy getiren Cebrail isimli melek ona birisini gösterdi. Bu gördüğü, en yakın arkadaşı Hazreti Ebubekir'in kızı Hazreti Âişe'den başkası değildi. Cebrail, Peygamber Efendimiz'e rüyasında Hazreti Âişe'yi ipekten sütbeyaz bir örtü içinde getirmişti "Bu senin hanımın." demişti. Peygamber Efendimiz bu örtüyü açtığında Hazreti Âişe'yi görmüştü. Artık bu rüyanın gerçekleşme zamanı gelmişti.

Peygamber Efendimiz'in ilk hanımı Hazreti Hadice annemizi (radıyallahu anha) kaybetmesinin üzerinden yaklaşık iki yıl geçmişti. Bu süreçte o, üç kızı ile birlikte yalnız bir hayat yaşıyordu. Sevgili Peygamberimiz'in bu durumunu bilen, akrabalarından Havle ismindeki bir hanım ona evlenmek isteyip istemediğini sordu. Peygamber Efendimiz evlenmek istiyordu. Ancak kiminle evleneceği konusunda bir karara varmış değildi. Hazreti Havle (radıyallahu anha) bu konuda Sevgili Peygamberimiz'e yardımcı olmaya hazırdı. Onun zihninde Peygamber Efendimiz'e eş olmaya layık hanım, Hazreti Âişe (radıyallahu anha) idi. Peygamber Efendimiz'in de Âişe annemize talip olduğunu gören Hazreti Havle doğruca Hazreti Ebubekir'in evine gitti. Burada Hazreti Ebubekir'e ve eşi Ümmü Ruman'a Sevgili Peygamberimiz'in kızlarına talip olduğunu müjdeledi. Bu haber Hazreti Ebubekir (radıyallahu anhu) ve ailesini çok mutlu etmişti.

Ancak Hazreti Ebubekir'in zihninde bazı soru işaretleri vardı. Öncelikle Peygamber Efendimiz'i kendisine kardeş kadar yakın hissediyordu. Böyle bir yakınlığın evliliğe engel olup olmayacağını merak ediyordu. Çünkü cahiliye döneminde insanlar çok yakın arkadaşlarının kızlarıyla evlenmeyi hoş karşılamazdı. Diğer yandan daha önce Hazreti Âişe'yi kendisinden isteyen bir aileye verdiği bir söz vardı. Bu iki güçlüğün aşılması da zor olmadı. Öncelikle Sevgili Peygamberimiz,

Hazreti Ebubekir'e aralarındaki yakınlığın dinimize göre evliliğe engel olmadığını bildirdi. Öte yandan Âişe annemize talip olan aile de Hazreti Ebubekir'in Peygamber Efendimiz'e yakınlığından dolayı endişeye kapılmıştı. Çünkü Mekke döneminde Peygamber Efendimiz'in yanında yer almak, inanmayanlara karşı çetin mücadeleleri göğüslemek demekti. Hazreti Ebubekir (radıyallahu anhu) sözünün eri bir insan olmasından dolayı öncelikle bu ailenin yanına gitti. Onlara evlilik konusunda sözlerinde durup durmadıklarını sordu. Onların sözlerinde durmadıklarını görünce gönül rahatlığı içinde evine döndü. Böylelikle Peygamber Efendimiz ile Âişe annemizin evliliğinin önünde hiçbir engel kalmamıştı.

Hicret

Sevgili Peygamberimiz sık sık Hazreti Ebubekir'in evine gidiyordu. Bu arada Hazreti Âişe'nin annesine de ona iyi davranmasını ve hatırını gözetmesini söylüyordu. Bir keresinde Peygamber Efendimiz gün ortasında çıkageldi. Herkes bu duruma şaşırmıştı. Çünkü Efendimiz (sallallahu aleyhi ve sellem) öğle vakti evlerine gelmezdi. O dönemde insanlar öğle vakti uyku uyumak üzere evlerine çekilirdi. Sevgili Peygamberimiz (sallallahu aleyhi ve sellem) de bu vakit içerisinde kimsenin evine misafir olmazdı. Ancak bu kez durum farklı idi. Mekke'deki inanmayanlar Sevgili Peygamberimiz'e yönelik suikast planı hazırlamışlardı. Peygamberimiz, Hazreti Ebubekir'e hem böyle bir planın varlığını hem de Mekke'den Medine'ye hicret etmek için kendisine izin verildiğini söyleyecekti. Önce Hazreti Ebubekir'den yanındakileri dışarı çıkarmasını istedi. Yanlarında sadece Hazreti Esma ve Hazreti Âişe (radıyallahu anhumâ) vardı. Hazreti Ebubekir (radıyallahu anhu), kızları Esma'nın ve Âişe'nin (radıyallahu anhumâ) ser verip sır vermeyen insanlar olduğunu biliyordu. Hazreti Ebubekir (radıyallahu anhu), Peygamber Efendimiz'e, "Babam sana kurban olsun Ey Allah'ın elçisi, onlar senin ailendir." dedi. Bunun üzerine Efendimiz (sallallahu aleyhi ve sellem), Hazreti Esma ve Hazreti Âişe'nin (radıyallahu anhumâ) yanlarında bulunmalarına izin verdi.

Peygamber Efendimiz'e hicret izni verildiğini duyan Hazreti Ebubekir (radıyallahu anhu) hemen sordu.

— Birlikte mi Ey Allah'ın elçisi?

— Evet birlikte.

Gerçi Hazreti Ebubekir (radıyallahu anhu) uzun zamandan beri bu haberi bekliyordu. Muhtemelen hicrette Peygamber Efendimiz'e yoldaş olacağını da ümit ediyordu. Bunun için iki deve satın almıştı. Yine de aylardır beklediği bu haber Hazreti Ebubekir'i çok mutlu etmişti. Artık dünyalar onun olmuştu. O kadar sevinmişti ki göz pınarından yaş damlıyordu.

Yol Hazırlığı

Artık Hazreti Ebubekir'in evinde hicretten başka bir şey konuşulmaz olmuştu. Hazreti Âişe (radıyallahu anha), ablası ve annesi ile birlikte yol hazırlıklarına başlamıştı. Öncelikle Peygamber Efendimiz ve Hazreti Ebubekir gecenin geç bir saatinde belli bir yerde buluşmak üzere anlaştılar. Oradan Sevr Dağı'ndaki bir mağarada saklanacaklardı. Bu arada Sevgili Peygamberimiz inanmayanların planlarını bozmak için kendi yatağında Hazreti Ali'yi yatıracaktı. Hazreti Ebubekir ise gözaltında tutulan evinin bir penceresinden atlayıp Efendimiz (sallallahu aleyhi ve sellem) ile buluştu. Birlikte Sevr dağına tırmanmak üzere yola koyuldular.

Hazreti Âişe'nin Ailesinde Peygamber Sevgisi

Hazreti Âişe'nin yetiştiği evde peygamber sevgisi diğer insanlara duyulan sevginin ötesindeydi. Bunun en güzel örneklerinden birisini Sevr Dağı'nda gizlendikleri mağarada Hazreti Ebubekir'de görürüz. Mağaraya girer girmez Hazreti Ebubekir üzerindeki örtüyü yırttı ve delikleri bununla tıkadı. Maksadı, yılan çıyan gibi hayvanların girmesine engel olmaktı. Ancak üzerindeki örtü tüm deliklerin kapatılmasına yetmemişti. Bunun üzerine Hazreti Ebubekir (radıyallahu anhu) kalan bir deliği de kendi topuğu ile kapattı. Ancak o delikten gelen bir yılanın kendisini sokması çok canını yaktı. Yine de dişini sıktı, hiç kımıldamadı ve ses çıkarmadı. Çünkü dizinde Sevgili Peygamberimiz (sallallahu aleyhi ve sellem) uyuyordu. Peygamber Efendimiz rahatsız olmasın diye ses çıkarmasa da çektiği acı sebebiyle gözünden boşanan yaşlar Efendimiz'in yüzüne düştü.

Sevgili Peygamberimiz uyandı ve sordu.

— Sana neler oluyor Ey Ebubekir?

— Anam babam sana feda olsun Ey Allah'ın elçisi! Yılan soktu.

Durumu öğrenen Efendimiz kendi tükürüğünü ısırılan yere sürdü. Bir anda Hazreti Ebubekir'in topuğu eski haline döndü. Sanki hiç yılan sokmamış gibiydi.

Peygamber Efendimiz (sallallahu aleyhi ve sellem) mağarada vefayı sadece Hazreti Ebubekir'den görmeyecekti. Nebiler Sultanı'nın mağaradaki varlığını haber alır almaz kanat çırpıp oraya gelen güvercin de ona karşı vefalıydı. Mağaranın önünde yuvasını kurmak ve yumurtlamak suretiyle Peygamber Efendimiz'i bekleme görevini üslenmişti. Mağaranın girişine ağını kuran örümcek de Efendimiz'i tehlikelerden korumaya azimliydi.

Hazreti Âişe'nin Hicreti

Sevgili Peygamberimiz'in ve Hazreti Ebubekir'in Medine'ye varmalarının üzerinden aylar geçmişti. Ancak Hazreti Âişe, babasından ve Efendimiz'den haber alamamıştı; çaresiz beklemekteydi. Bir gün ağabeyi Hazreti Abdullah'ın sevinçle yanına geldiğini gördü. Hazreti Âişe ağabeyi Abdullah'ın neye sevindiğini anladığında kendisi de aldığı bu haber karşısında çok mutlu olmuştu. Buna göre Hazreti Ebubekir (radıyallahu anhu), oğlu

Abdullah'a bir mektup yazmıştı. Mektupta Abdullah'tan annesini, kardeşleri Âişe'yi ve Esma'yı alarak Medine'ye hicret etmesini istiyordu. Hazreti Âişe için artık sevgili babasına ve Peygamber Efendimiz'e kavuşma zamanı gelmişti.

Hazreti Âişe'nin Medine yolculuğu da çok meşakkatli geçecekti. Bir ara Âişe annemizin bindiği deve kafileden ayrılacak oldu. Bu durum Hazreti Âişe'nin annesini çok telaşlandırdı. Çünkü devenin üzerindeki yolcu Hazreti Peygamber'in emaneti idi. Hiçbir zarar gelmeden emanet sahibine ulaştırılmalıydı. Telaş içerisinde: "Vay kızımın başına gelenlere!" diyordu. Deve kafileden ayrılmayı sürdürünce Hazreti Âişe'nin annesi son bir çare olarak: "Yularını yere bırak" diye bağırdı. Bu şekilde yuların çalılara dolanacağını ve deveye engel olacağını ümit ediyordu. Hazreti Âişe, annesinin sözünü dinledi ve devenin yularını saldı. Çok geçmeden çalılara takılan yular devenin uzaklaşmasına engel oldu. Böylelikle Hazreti Âişe de annesi de rahat bir nefes aldı.

Medine

Hazreti Âişe (radıyallahu anha) çetin bir yolculuktan sonra Medine'ye ulaşmıştı. Böylelikle aylar süren hasret bitmişti. Mekke'deki sıkıntılı günler geride kalmıştı. Ancak Medine'de de onu alışkın olmadığı bir sıkıntı bekliyordu. Medine'nin havasına alışık olmayan babası Hazreti Ebubekir (radıyallahu anhu), veba hastalığına yakalanmıştı.

Hazreti Âişe babasına yaklaşarak,

— Babacığım! Kendini nasıl hissediyorsun, diye sordu.

Ancak aldığı cevap Hazreti Âişe'nin sıkıntısını bir kat daha artırdı.

— Herkes evinde sabahlıyor. Ama ölüm insana ayağındaki bağdan daha yakın.

Hazreti Ebubekir'in yanında bulunan diğer hastaların da hâli ondan farklı değildi.

Bu durumu gören Âişe annemiz, doğruca Peygamber Efendimiz'in yanına gitti.

— Onlar ateşli hastalıktan dolayı akıllarını kaybetmiş gibiler, kendi kendilerine konuşuyorlar; dedi.

Hazreti Ebubekir'in de içinde bulunduğu bu durum Sevgili Peygamberimiz'i derinden yaralamıştı.

Bunun üzerine Peygamber Efendimiz (sallallahu aleyhi ve sellem) mübarek ellerini kaldırdı ve şöyle dua etti.

— Allah'ım Mekke'yi sevdirdiğin gibi Medine'yi de bize sevdir. Burasını sağlıklı bir yer eyle. Ölçüsünü tartısını bereketli eyle. Bu hastalığı da buradan al ve Cuhfe taraflarına savur.

Sevgili Peygamberimiz'in bu duası kabul olmuştu. Çok geçmeden Hazreti Âişe'nin babası ve diğerleri bu hastalıktan kurtuldu.

Evlilik

Sevgili Peygamberimiz (sallallahu aleyhi ve sellem) Medine'ye geldiğinde Ebu Eyyub el-Ensari'nin evinde konuk olarak bulunuyordu. Hazreti Âişe de Medine'ye geldiğinde Hazreti Peygamber ile henüz nişanlı oldukları için babasının evine yerleşmişti. Çok geçmeden vahiy meleği Cebrail, Peygamber Efendimiz'e Hazreti Âişe'yi nikâhına alması emrini getirdi. Sevgili Peygamberimiz de Hazreti Âişe'yi nikâhına almak istiyordu. Ancak mehir olarak verebileceği mala sahip değildi. Hazreti Ebubekir'in civanmertliği burada da düğümü çözecekti.

Hazreti Ebubekir (radıyallahu anhu), Peygamber Efendimiz'e,

— Ailenle aynı çatı altında olmanıza engel bir durum mu var, Ey Allah'ın elçisi, diye sordu.

— Mehir, dedi Sevgili Peygamberimiz.

Hazreti Ebubekir'den de bunu önemsemesi beklenmezdi. Nitekim öyle de oldu. Hazreti Âişe'ye mehir olarak verilecek bedeli hemen Sevgili Peygamberimiz'e sundu. Peygamberimiz Efendimiz de hiç bekletmeden bunu Hazreti Âişe'ye mehir olarak gönderdi. Ancak Hazreti Ebubekir'in civanmertliği bununla da sınırlı kalmayacaktı. Sevgili Peygamberimiz için mescidin yanında bir göz oda inşasında da yardımcı oldu. Böylelikle Sevgili Peygamberimiz ile Âişe annemizin saadet yuvası da kurulmuş oldu. Geriye sadece nikâhlarının kıyılması kalmıştı ki takvimler aylardan Şevval'i gösterirken bu da gerçekleşti. Şevval ayında nikâhlanmaları Cahiliye dönemindeki yanlış bir anlayışın da ortadan kaldırılması anlamına geliyordu. Çünkü o dönemde insanlar iki bayram arasında kıyılan nikâhın uğursuzluk getireceğine inanırlardı. Böylelikle bu yanlış anlayış da ortadan kaldırılmış oldu. Bundan sonraki iş Hazreti Âişe'nin Sevgili Peygamberimiz'in huzuruna çıkmaya hazırlanmasıydı. Bu görev de annesine düşmüştü. Hazreti Âişe'nin arkadaşlarıyla birlikte vakit geçirdiği bir kuşluk vakti annesi, onu elinden tutup ensar kadınlarının toplandığı bir meclise getirdi. Âişe annemiz olan bitenden habersizdi ve nefes nefese idi. Yanında

Esma binti. Yezid gibi bazı arkadaşları ile birlikte Sevgili Peygamberimiz'in huzuruna girdi. Nebiler Sultanı'nın huzuruna girdiğinde kendisine sunulan ikram, bir kase süt olmuştu. Hazreti Âişe utanmıştı. Efenidimiz'in yüzüne bakamıyordu. Arkadaşlarının Peygamberin ikramını geri çevirmemesi tavsiyesine uydu. Hazreti Âişe, kâseyi Nebiler Sultanı'nın elinden aldı ve içmeye başladı. Peygamber Efendimiz (sallallahu aleyhi ve sellem), Âişe annemize, arkadaşlarına da ikram etmesini söyledi. Ancak onlar iştahlarının olmadığını söyledi. Bunun üzerine Efendimiz, "Açlık ve yalan bir arada olmaz." buyurdu. Hazreti Âişe'nin arkadaşları Nebiler Sultanı'nın huzurunda bulunmayı fırsat olarak gördüler. Hemen sordular.

— Ey Allah'ın elçisi! Birisi iştahı olduğu halde iştahının olmadığını söylerse bu da yalan sayılır mı?

— Evet, yalan yalan olarak kayda geçtiği gibi küçük bir yalan da küçük bir yalan olarak kaydedilir.

Böylelikle bir kâse süt, Sevgili Peygamberimiz ile Âişe annemizin düğün yemeği olmuştu. Her haliyle ümmetine örnek olan Peygamber Efendimiz (sallallahu aleyhi ve sellem), gösterişten uzak ve sade yaşayışıyla da bize rehber oluyordu.

Âişe Annemizin Hayat Tarzı: Sadelik

Hazreti Âişe'nin sade hayat tarzı, yaşadığı ev ile başlıyordu. Çünkü evi, mescidin yanındaki birkaç metrekare genişliğinde küçük bir odacıktan ibaretti. Duvarları toprakla sıvanmıştı. Tavanı hurma lifleriyle kaplıydı ve ayaktaki bir kişinin elini değdirebileceği yükseklikteydi. Yağmur suyunu geçirmemesi için çatısı yünle kaplanmıştı. Evin ağaçtan yapılmış tek kanatlı bir kapısı vardı. Evin genişlik açısından durumunu Âişe annemizin şu ifadelerinden anlarız. "Ben uyuduğum sıralarda Allah Resûlü namaza durmuşsa eliyle ayaklarıma dokunur, ben de onları toplardım. Allah Resûlü ancak o zaman secdeye gidebilirdi."

Âişe annemizin evinde geceleyin aydınlatmayı sağlayacak bir kandil dahi yoktu. Zaman zaman

Peygamber Efendimiz (sallallahu aleyhi ve sellem) onun yanından ayrıldığında o eliyle yoklayarak bunu anlayabiliyordu.

Bu durumu şöyle anlatır.

"Resulullah zamanında çok geceler geçirirdik de o evde ne bir kandil ne de kandile benzer başka bir şey yanardı. Şayet o gün biz kandil yağına sahip olsaydık bunu yemek yaparken kullanırdık."

Hazreti Âişe (radıyallahu anha), Peygamber Efendimiz'le birlikte yaşadıkları sade hayatı yeğeni Urve'ye şöyle anlatmaktaydı.

— Biz hilale bakardık. İlk hilalden sonra ikincisi, ondan sonra da üçüncüsü gelirdi ve yine de Resulullah'ın ocağında ateş yanmazdı.

— Peki ne yer ve ne ile geçinirdiniz?

— Hurma ve zemzem.

Âişe annemiz, Sevgili Peygamberimiz vefat edinceye kadar üç gün üst üste buğday ekmeği ile karnını doyurmamıştı. Nebiler Sultanı'nın (sallallahu aleyhi ve sellem) vefat ettiği gün de yanında azıcık arpadan başka yiyecek yoktu. O, Sevgili Peygamberimiz'in vefatından sonra da karnı doyacak kadar hiç yememişti.

Sade bir hayat yaşamak Sevgili Peygamberimiz ve Hazreti Âişe annemiz için zorunluluk değildi. Bu onların kendi seçimleriydi. Bir gün Hazreti Âişe'nin yanına gelen bir kadın Efendimiz'in yatağını gördü. Sevgili Peygamberimiz'in yatağının içi lifle doldurulmuştu. Bunu fark eden misafir kadın Âişe annemize bir yün yatak hediye etti.

Sevgili Peygamberimiz eve gelince Âişe annemize sordu.

— Bu da ne ey Âişe?

— Ey Allah'ın Resûlü! Ensardan filan kadın eve gelince senin yatağını gördü ve bunu hediye etti.

— Onu geri gönder. Allah'a yemin olsun ki şayet ben isteseydim Allah dağları benim emrime verir ve onları altına ve gümüşe dönüştürürdü.

Âişe Annemizin Paylaşma Ufku

Aişe annemiz (radıyallahu anha) cömert bir insandı. Elindeki imkânı ihtiyaç sahipleri ile paylaşmayı severdi. Bir keresinde fakir birisi Âişe annemizin yanına gelmişti. Annemiz (radıyallahu anha) ona elinde avucunda ne varsa sadaka olarak vermişti. Az sonra Hazreti Âişe bu kişinin çağırılmasını talep etti. Bu sırada Peygamber Efendimiz devreye girdi ve şöyle buyurdu: "Yaptığın iyiliğin arkasını takip etme ki yarın sana da aynısı yapılmasın."

Bir gün Sevgili Peygamberimiz Hazreti Âişe'nin elinde gümüşten yüzükler görmüştü.

— Bunlar da ne ey Âişe, diye sordu.

— Onları senin için süsleneyim diye yaptım ey Allah'ın Resûlü.

— Onların zekâtını eda ettin mi?

— Hayır.

— Cehennem olarak bu sana yeter, buyurdu Sevgili Peygamberimiz.

Bu uyarıdan sonra Hazreti Âişe elinde avucunda ne varsa fakirlere dağıtmaktan geri durmadı.

Onun bu tutumunu perçinleyen Sevgili Peygamberimiz (sallallahu aleyhi ve sellem) ona şöyle bir vasiyette bulundu.

"Şayet (ahirette) bana kavuşmak istiyorsan dünyadan nasibin sadece bir yolcu gibi olsun. (Cimri) zenginlerle oturup kalkma. Kullanılmaz hale gelinceye kadar elbiseni değiştirme."

Peygamberimiz Efendimiz Hazreti Âişe'nin de içinde bulunduğu aile fertlerine şöyle nasihatte bulunurdu.

"İnsanoğlunun iki vadi dolusu malı olsa bir üçüncüsünü ister. İnsanın gözünü topraktan başka bir şey doyurmaz. Halbuki, mal namazı dosdoğru kılabilmek ve zekatı yerine getirebilmek için vardır. Hiç şüphe yok ki tövbe edenlerin tövbesini de Allah kabul eder."

Âişe Annemizin Çocuklara İlgisi

Aişe annemiz eve gelen çocuklar için yanında oyuncak bulundururdu. Bir keresinde Sevgili Peygamberimiz (sallallahu aleyhi ve sellem) onun yanında kanatlı bir at gördü ve sordu.

— Bu da ne ey Âişe?

— At!

— Atın hiç kanadı olur mu?

Âişe annemizin cevabı onun Kur'ân'ı Kerim'i ne kadar çok okuduğunu gösteriyordu.

— Hazreti Süleyman'ın atlarında da kanatlar vardı ya!

Hazreti Âişe'nin bu hazırcevaplığı Efendimiz'i güldürdü.

Âişe Annemizin Peygamber Efendimiz'e Olan Sevgisi

Âişe annemiz (radıyallahu anha) Sevgili Peygamberimiz'i (sallallahu aleyhi ve sellem) çok severdi. Efendimiz'in yanında olduğu zamanı başka hiçbir şeye değişmek istemezdi. Kimi zaman Sevgili Peygamberimiz, Âişe annemizin dizine başını koymuş vaziyette istirahata çekilirdi. Annemiz canı yansa bile Peygamber Efendimiz'in rahatının bozulmaması için kımıldamadan öylece beklerdi.

Bir gün Peygamber Efendimiz,

— Ey Âişe! Bak bu Cebrail! Sana selam söylüyor, buyurdu.

Âişe annemiz bu selama şöyle karşılık verdi.

— Allah'ın selamı, rahmeti ve bereketi onun üzerine olsun. Sen bizim görmediklerimizi görüyorsun.

Âişe annemiz bu sözüyle Peygamber Efendimiz'e gıpta ediyordu. Çünkü vahiy Meleği Hazreti Cebrail'i sadece Peygamber Efendimiz görüyordu. Yani diğer insanlar göremiyordu.

Peygamber Efendimiz'in Âişe Annemize Sevgisi

Sevgili Peygamberimiz (sallallahu aleyhi ve sellem), Âişe annemizi çok seviyordu. Bunu gören bazı sahabiler, Âişe annemize "Rasûlullah'ın sevgilisi" diye sesleniyorlardı. Bazı sahabiler de Peygamber Efendimiz'e hediye getireceklerinde Âişe annemizin yanında olduğu zamanı kolluyorlardı. Çünkü Âişe annemizin yanında iken Efendimiz'in mübarek yüzünde güller açıyordu.

Hazreti Âişe de Efendimiz'in bu sevgisinin farkında idi.

Peygamber Efendimiz'e en çok kimi sevdiği sorulduğunda,

Âişe, cevabını verirdi.

Erkeklerden en çok kimi sevdiği sorulduğunda ise,

— Onun babası, diye cevaplardı.

Bir gün Sevgili Peygamberimiz'in komşularından birisi onu çorba içmeye çağırdı.

Sevgili Peygamberimiz:

— Âişe'yi de davet ediyor musun, diye sordu.

Adam:

— Hayır, cevabını verdi.

Bunun üzerine Sevgili Peygamberimiz de komşusunun davetini kabul etmedi. Aradan biraz zaman geçti. Aynı komşu yeniden geldi ve Peygamber Efendimiz'i tekrar evine davet etti.

Sevgili Peygamberimiz:

— Âişe'yi de davet ediyor musun, diye sordu.

Adamın cevabı değişmedi.

— Hayır.

Bunun üzerine Sevgili Peygamberimiz'in de cevabı hayır oldu. Aradan geçen zamanda komşu yeniden geldi ve davetini tekrarladı.

Sevgili Peygamberimiz'in sorusu değişmedi.

— Âişe'yi de davet ediyor musun?

— Evet, diye karşılık verdi.

Bunun üzerine Sevgili Peygamberimiz de bu daveti kabul etti.

Âişe annemize verilen bu önem sadece ona duyulan sevgiden kaynaklanmıyordu. Bir gün Sevgili Peygamberimiz'e bu sevginin sebebi soruldu. Efendimiz (sallallahu aleyhi ve sellem) aile içerisinde sadece Hazreti Âişe'nin yanında kendisine vahiy geldiğini söyledi.

Sevgili Peygamberimiz'e göre Hazreti Âişe'nin diğer kadınlara üstünlüğü tirit yemeğinin diğer yemeklere üstünlüğü gibidir. Tirit yemeği Peygamber Efendimiz döneminde en beğenilen yemeklerdendi.

Eğlence

Bir bayram günü kılıçlı ve kalkanlı bir grup insanları eğlendiriyordu. İnsanlar toplanmış onları seyrediyordu. Âişe annemiz (radıyallahu anha) de kalabalığın arasındaydı. Ancak arkalarda olduğu için olup bitenleri göremiyordu. Bunun üzerine Sevgili Peygamberimiz'e onları izlemek istediğini söyledi.

Sevgili Peygamberimiz:

— Bunu gerçekten istiyor musun, diye sordu.

Âişe annemiz başını sallayarak cevap verdi.

— Evet!

Bunun üzerine Sevgili Peygamberimiz (sallallahu aleyhi ve sellem) onu sırtına aldı. Âişe annemizin yanağı Sevgili Peygamberimiz'in mübarek yüzüne değiyordu.

Âişe annemiz (radıyallahu anha) bir müddet oyunu seyrettikten sonra Peygamberimiz sordu.

— Artık yeter mi?

Sevgili Peygamberimiz yorulmuştu.

Âişe annemiz (radıyallahu anha):

— Evet, dedi.

Bunun üzerine Sevgili Peygamberimiz,

— Öyleyse haydi git, buyurdular.

Yarışma

Bir gün Sevgili Peygamberimiz ordusuyla birlikte bir sefere çıkıyordu. Âişe annemiz de Peygamber Efendimiz'in yanındaydı.

Bir ara Sevgili Peygamberimiz (sallallahu aleyhi ve sellem) ordusuna,

— Siz yürüyün, diyerek yola devam etmelerini söyledi.

Sevgili Peygamberimiz Âişe annemizle birlikte arkada kaldı ve ona,

— Haydi gel yarışalım, dedi.

Yarıştılar. Yarışta Hazreti Âişe annemiz Peygamber Efendimiz'i geçti.

Aradan epey zaman geçmişti. Âişe annemiz (radıyallahu anha) Efendimiz'le birlikte yeni bir yolculuğa çıkmıştı.

Sevgili Peygamberimiz yanındakilere,

— Siz devam edin, buyurdu.

Peygamber Efendimiz Âişe annemizle birlikte geride kaldı ve ona dönüp,

— Haydi gel yarışalım, dedi.

Sevgili Peygamberimiz'in yarış teklifini Âişe annemizin kabul etmemesi düşünülemezdi. Yarıştılar ve bu sefer Sevgili Peygamberimiz Âişe annemizi geçti.

Yarışı kazanan Efendimiz, Âişe annemize döndü ve gülerek şöyle söyledi.

— Bu ilk yaptığımız yarışın karşılığıdır.

Hassasiyet Eğitimi

Sevgili Peygamberimiz (sallallahu aleyhi ve sellem) güzel ahlakı tamamlamak için gönderilmişti. O'nun en yakınında bulunan Âişe annemiz de Peygamber Efendimiz'den güzel ahlâkı görüyordu ve öğreniyordu. Bir keresinde Âişe annemiz (radıyallahu anha) Peygamber Efendimiz'e arpa unundan küçük çörek hazırlamıştı. Peygamber Efendimiz (sallallahu aleyhi ve sellem) ise eve gelir gelmez uyumayı tercih etti. Bu sırada komşunun koyunu, Âişe annemizin yaptığı küçük çöreği kaptığı gibi kaçtı. Sevgili Peygamberimiz için yaptığı çöreğin gitmesi Âişe annemizi telaşlandırdı. Bunun üzerine koyunun peşinden koşmaya başladı.

Bu sırada Sevgili Peygamberimiz de uyandı ve Âişe annemize şöyle seslendi.

— Yetişirsen sadece çöreğini al; sakın ola ki koyununun yaptığından dolayı komşuna eziyet etme.

Yardımda Ölçü

Peygamber Efendimiz'in döneminde insanlar keler denilen bir hayvanın etini yiyorlardı. Ancak Sevgili Peygamberimiz (sallallahu aleyhi ve sellem) bu hayvanın etini sevmezdi ve yemezdi. Bir gün Efendimiz'in evine bu hayvanın etinden getirilmişti. Peygamber Efendimiz her zaman olduğu gibi bu sefer de keler yemeye yanaşmadı.

Bunun üzerine Âişe annemiz (radıyallahu anha),

— Bunu ihtiyaç sahiplerine vereyim mi, diye sordu.

Âişe annemizin niyeti samimiydi. Çünkü keler etini yemek helaldi. Ayrıca Sevgili Peygamberimiz hoşlanmasa da keler yiyen ve buna ihtiyacı olan çok insan vardı. Ancak Efendimiz (sallallahu aleyhi ve sellem) kendisinin yemediği bir şeyi başkasına vermeyi doğru bulmuyordu.

Bu yüzden annemize dönerek,

— Hayır, yemediğiniz şeyleri başkalarına da vermeyin, dedi.

Âişe Annemizin Namazı

Aişe annemiz (radıyallahu anha) Sevgili Peygamberimiz ile birlikte geçirdiği dokuz yıl boyunca kendisine hep O'nu örnek almıştı. Bu yüzden onun ibadetleri de Efendimiz'in ibadetlerine benzerdi. Peygamberimiz geceleri ayakları şişinceye kadar namaz kılar ve namazlarını uzun tutardı.

Peygamber Efendimiz'in namazlarını anlatırken Âişe annemiz şöyle derdi.

— O'nun gece namazının güzelliğini ve uzunluğunu ne sen sor ne ben söyleyeyim.

Sevgili Peygamberimiz (sallallahu aleyhi ve sellem) yatsı namazını kıldıktan sonra uyurdu. Gece yarısı olduğunda da teheccüd namazı kılardı.

Bir müddet sonra Âişe annemizi de namaza kaldırırdı. Âişe annemiz de teheccüd namazını ve ardından vitr namazını kılardı. Sabah namazının vakti girince Sevgili Peygamberimiz bu namazın iki rekât sünnetini kılardı. Ardından Sevgili Peygamberimiz dinlenmek üzere sağ yanağının üzerine yatar ya da Âişe annemizle sohbet ederdi. Peygamber Efendimiz mescitte kıldırdığı sabah namazına da Âişe annemiz odasında katılırdı. Böylelikle Âişe annemiz sabah namazını da Efendimiz'in arkasında ve cemaatle kılmış olurdu.

Âişe annemizin gece namazına çok önem verdiğini şu nasihatinden anlıyoruz:

"Gece kalkıp da namaz kılmayı ihmal etme. Çünkü Allah Resûlü gece namazı kılmayı asla terk etmedi. Öyle ki hasta ya da yorgun olduğunda oturarak kılardı ama yine de gece namazını bırakmazdı."

Âişe annemiz (radıyallahu anha) kılamadığı nafile namazları dahi mutlaka kaza ederdi. O, Sevgili Peygamberimiz'i duha namazı kılarken gördükten sonra bu namazı hiç bırakmadı.

Bir sabah yeğeni yanına geldi ve onu namaz kılarken görünce sordu.

— Bu namaz nedir?

Âişe annemiz (radıyallahu anha) şöyle cevap verdi.

— Hiç bırakmadığım gece namazımı bu gece kılamadım da onu kaza ediyorum.

Bir gün Âişe annemizin yanına bir şey sormak için birisi geldi. O sırada Âişe annemiz duha namazı kılıyordu.

Gelen kişi,

— Namazını bitirinceye kadar oturup beklerim, dedi.

Etrafta oturanlardan adamın bu sözünü duyanlar,

— Neredeee, dediler. Ancak gelen kişi bu sözden bir şey anlamamıştı. Aslında bu şu anlama geliyordu: Âişe annemizin namazını bitirmesini bekleyenin uzunca bir süreyi göze alması gerekirdi. Çünkü namaza durduğunda dünya ile bağını koparır, uzun uzadıya namaz kılardı.

Bir gün Âişe annemiz (radıyallahu anha) namaz kılıyordu. Okuduğu bir âyetin etkisinde kalarak ağlamaya başladı. O âyette Allah (celle celaluhu) şöyle buyuruyordu: "Allah bize iyilikte bulundu da cehennem azabından bizi korudu." Bu âyeti okuduktan sonra Âişe annemiz Allah'a şöyle yalvarmaya başladı: "Allah'ım bana da iyilikte bulun. Beni de cehennem azabından koru." Bu durumu gören yeğeni Urve (radıyallahu anhu), selam verecek diye onun yanında bekliyordu. Ancak beklemekten yorulmuştu. Bunun üzerine Urve, çarşıdaki bir işini görmek için ayrıldı. Urve, çarşıdaki işini halledip geri dönmüştü. Ama gördüğü durum, onu hayretler içerisinde bıraktı. Çünkü Âişe annemiz hıçkırıklar içinde namaz kılmaya devam ediyordu.

Âişe annemiz (radıyallahu anha) namazlarını cemaatle kılmaya da çok önem verirdi. Odası zaten mescide bitişik durumdaydı. Bundan dolayı tüm farz namazları odasından imama uyarak kılardı. Zaman zaman da azatlı köle Hazreti Zekvan'a imam olmasını söylerdi. Kendisi de ona uyardı ve namaz kılardı.

Âişe Annemizin Orucu

Aişe annemiz (radıyallahu anha) zamanının tamamına yakınını oruçlu geçirirdi. O, yolculuklarında dahi oruç tutmaktan vazgeçmezdi.

Annemiz başladığı bir ibadeti her şeye rağmen tamama erdirirdi. Bir arefe günü oruçluydu ve yanına kardeşi Abdurrahman (radıyallahu anhu) geldi. Hava çok sıcaktı.

Âişe annemizin kan ter içinde oruç tutarken zorlandığını gören kardeşi,

— Orucunu açsana, dedi.

Âişe annemizin buna cevabı şöyle oldu.

— Orucumu bozamam. Çünkü Sevgili Peygamberimiz'i şöyle buyururken duydum. "Arefe gününün orucu kendinden önceki yılın günahlarına keffarettir."

Âişe Annemiz ve Hac

Aişe annemiz Peygamber Efendimiz ile birlikte bir defa haccetme fırsatı buldu. Bu da zaten Sevgili Peygamberimiz'in ilk ve son haccıydı. Bir başka ifadeyle veda haccıydı. Sevgili Peygamberimiz'in vefatından sonra da Âişe annemiz (radıyallahu anha) defalarca haccetme imkanı buldu.

Onun hac ibadetine böyle istekli olmasının temelinde şu hadise yatmaktaydı.

Bir gün Âişe annemiz, Peygamber Efendimiz'e şöyle bir soru yöneltmişti.

— Ey Allah'ın Resûlü! Bizler de sizin gibi savaşlara katılsak, sizin gibi cihat etsek olmaz mı?

Âişe annemizin bu isteği samimiydi. Yüce dinimiz İslam'a daha fazla hizmet etmek istiyordu. Ancak yaratılışın da bir gereği vardı. Yaratılış gereği olarak kadınlardan erkekler gibi savaşmaları beklenemezdi.

Sevgili Peygamberimiz (sallallahu aleyhi ve sellem) Âişe annemize şu tavsiyede bulundu.

— Kadınlar için cihadın en güzel ve en iyi olanı, kabul edilmiş bir hacdır.

Peygamber Efendimiz'den bunu duyması Hazreti Âişe için yeterliydi. Bu haberi aldıktan sonra hacca ayrı bir önem verdi ve her hacca gelişinde oradaki insanlara bunu duyurdu.

Hac ibadetinin yerine getirildiği ilk yıllarda Kâbe çok kalabalık değildi. Bu yüzden Âişe annemiz de herkesle birlikte tavaf ediyordu. Ancak zamanla Kâbe'nin etrafı kalabalıklaşınca Âişe annemiz (radıyallahu anha), erkeklere karışmadan tavaf etmeye çalıştı. Bunun için öncelikle Kâbe'nin tenha olduğu zamanları kolluyordu. Kâbe'nin etrafının kalabalık olduğu zamanlarda ise tavafını çok geniş bir daireden tamamlıyordu.

Âişe Annemiz ve Sadaka

Sadaka verme, fakirlere yardımda bulunma konusunda Âişe annemiz (radıyallahu anha) örnekti. O, elindeki imkanı mutlaka ihtiyaç sahipleri ile paylaşırdı. Kendisine getirilen hediyeleri dahi mutlaka ihtiyacı olanlara gönderirdi.

Halife olduğu dönemde Hazreti Muaviye (radıyallahu anhu) ona elbise, gümüş ve kullanması için birçok eşya göndermişti.

Onları görür görmez ağlamaya başladı ve ardından da,

— Resûlullah bunların hiçbirini bulamazdı, dedi.

Sonra onların hepsini belli parçalara ayırıp ihtiyaç sahiplerine gönderdi. Akşam olduğunda elinde gönderilenlerden hiçbir şey kalmamıştı.

Bir gün Âişe annemize sepet sepet üzüm getirilmişti. Hemen o üzümleri fakirlere dağıttı. Ancak farkında olmadığı bir şey vardı. Evdekilerden birisi Âişe annemizin haberi olmadan biraz üzüm ayırmıştı.

Dağıttığı üzümlerin bir müddet sonra kendisine ikram edildiğini gören annemiz şaşırdı.

— Bu da ne, diye sordu.

Kendisine ikram edilmek üzere ayrıldığını anladı. Ancak bu yüzden fakirlere ulaştırılmadığını görünce üzüldü.

— Bir salkım öyle mi? Allah'a yemin ederim ki ona ne elimi sürerim ne de ondan yerim, buyurdu.

Bir gün Âişe annemizin yanına birisi geldi ve ondan yiyecek istedi. Annemiz de ona içinde ekmek olan bir kese verdi. Yiyecek isteyen kişi gittikten sonra bir başkası daha geldi. Ancak bu gelen kişinin akli dengesi yerinde değildi. Âişe annemiz onu yanına çağırdı ve elindeki yiyeceği ona ikram etti. Gelen kişi karnını doyurup gittikten sonra oradakiler annemize bu yaptığının sebebini sordular.

Annemizin bu soruya verdiği cevap çok manidardı.

— Resulullah "İnsanlara kendi konumlarına göre muamele edin." dedi. Bunu bile bile ben başka türlü nasıl davranabilirim...

Hazreti Ömer (radıyallahu anhu) halifeliği döneminde Âişe annemize bir kese altın gönderdi. Bu, annemizi duygulandırdı. Gözyaşlarına engel olamayan annemiz gelen altının tamamını etrafındakilere dağıtıverdi. Ancak Âişe annemiz için bu da yeterli değildi. Bir daha böyle bir ihsana muhatap olmamak için Allah'a yalvardı. O, yıllarını Allah'ın en sevgili kulunun yanında geçirmişti. Sevgili Peygamberimiz'den insanlar içinde herkes gibi bir insan olmayı öğrenmişti. Bunu da bütün hayatında uyguluyordu.

Ziyaretine gelenlerden birisi onun bu halini bize şöyle anlatır.

"Resulullah'ın vefatından sonra Âişe annemizi ziyarete gitmiştim. Gözü yaşlıydı. Bana yemek ikram etti. Sonra, 'Gözyaşlarım kuruyuncaya kadar ağlamak istiyorum. Ağzıma bir lokma almak istemiyorum.' dedi."

Şaşırarak,

– Niçin, diye sordum.

— Resulullah'ın dünyadan ayrılırken içinde bulunduğu hali hatırlıyorum. O, aynı gün içerisinde ekmek ve eti birleştirerek iki kereden fazla karnını doyurmamıştı.

Bir gün Âişe annemizin yanına kucağında iki kızıyla birlikte bir kadın geldi. Annemiz evdeki üç hurmayı misafirlerine ikram etti. Kadın iki hurmayı kızlarına verdi. Küçük yavrular hurmaları yiyince kalan bir hurmayı da ikisi arasında paylaştırdı. Böyle olunca da kadına bir şey kalmamıştı. Âişe annemiz (radıyallahu anha) kadının yaptığı bu fedakârlığı Efendimiz'e anlattı.

Bunun üzerine Sevgili Peygamberimiz (sallallahu aleyhi ve sellem) bu kadınla ilgili şu müjdeyi verdi.

— Bu yaptığından dolayı Allah o kadına cenneti vacip kıldı veya onu cehennemden kurtardı.

Bir gün Âişe annemizin yanına birisi gelmişti ve ihtiyaç içinde olduğunu söyledi. Âişe annemiz aradı, taradı ve o kadına verilebilecek bir ekmek olduğunu gördü. Kendisi de oruçluydu. İftarını da bu ekmekle yapacaktı.

Yanındakilerden birisi durumu fark edince,

— İftar edeceğiniz bir şey kalmadı, diyerek Âişe annemizi uyarmak istedi.

Âişe annemiz ise,

— Onu ona ver, buyurdu.

O kişi de annemizin bu sözünü tuttu ve ekmeği kadına verdi.

Akşama doğru ise Âişe annemizin yanına hediye getirenler oldu. Hediyelerin arasında ise koyun eti ve ekmek vardı. Allah için verene Allah da veriyordu.

İftar vakti olunca itiraz eden kişiyi yanına çağıran annemiz şaka yollu,

— Al da bundan ye! Ne de olsa bu, senin kuru çöreğinden daha hayırlı, demişti.

Âişe annemiz (radıyallahu anha) elindekileri Allah'ın kullarıyla paylaşmayı Sevgili Peygamberimiz'den öğrenmişti. Efendimiz'in şöyle dediğini duymuştu: "Yarım hurma (fakire vererek) ile de olsa kendinizi cehennem ateşinden koruyun." Bu duyduğunu da ömrü boyunca uygulamaktan geri durmadı. Bir keresinde kurban kesmişlerdi. Âişe annemiz de bu kurbanın hemen hepsini fakirlere dağıtmıştı. Elinde sadece kürek kemiği kalmıştı.

Sevgili Peygamberimiz eve gelince sordu.

— Kurbanı ne yaptınız; ondan geriye ne kaldı?

Âişe annemizin bu soruya cevabı şöyle oldu.

— Hepsini dağıttım. Bize sadece kürek kemiği kaldı.

Peygamber Efendimiz'in istediği de buydu. Çünkü Allah, kendi rızası istikametinde verilen malın değerini daha da artıracağını vaat etmekteydi. Allah'ın rızası hedeflenerek verilen bir malın sevabı, silinmemek üzere yazılırdı. Böylece Allah'ın rızası için verilen mal ebedîlik kazanmış olurdu.

Örtünmeye Verdiği Önem

Aişe annemiz (radıyallahu anha) örtünme konusunda çok duyarlıydı. Gözleri görmeyenler karşısında bile örtünmeye titizlik gösterirdi. Bir keresinde yanına gelen bir âmâ sebebiyle Âişe annemiz perdenin arkasına geçince gelen şahıs şaşırdı.

— Benden mi sakınıp örtüye bürünüyorsun; hâlbuki ben seni görmüyorum, dedi.

Âişe annemizin buna cevabı şöyle oldu.

— Sen beni görmüyor olabilirsin ama ben seni görüyorum.

Âişe annemiz (radıyallahu anha) yakını olan öğrencilerine bildiklerini uygulamalı olarak gösterirdi. Mesela yakınlarından birisinin Salim isminde bir kölesi vardı. Bir gün gelmişti ve Âişe annemizden abdest almayı öğrenmek istemişti. O da ona Peygamber Efendimiz'in nasıl abdest aldığını uygulamalı olarak gösterdi. Salim, Âişe annemizin yakınına ait bir köle olduğu için yakını kabul ediliyordu. Aradan bir müddet geçti. Yine Salim Âişe annemizin yanına geldi ve şöyle söyledi.

— Ey müminlerin annesi bana dua et.

Niçin, dedi Âişe annemiz.

— Allah beni kölelikten kurtardı, dedi Salim.

Bunun üzerine Âişe annemiz,

— Hayırlı olsun, dedi ve böyle der demez perdeyi indiriverdi.

Çünkü artık Salim yakınına ait köle değildi, dolayısıyla kendisine de yakınlığı kalmamıştı.

Gördüğü Olağanüstü Olaylar

Yaklaşık bir ay süren uzun ve yorucu bir savaştan sonra düşmanlar Hendek'i terk etmişti. Sevgili Peygamberimiz de arkadaşlarıyla birlikte Medine'ye dönmüştü. Silahlarını bırakmış istirahata çekilmişlerdi. Peygamber Efendimiz (sallallahu aleyhi ve sellem), Âişe annemizin yanındaydı. Bir aralık kapının önünde hareketlenmeler oldu. Bu durum Âişe annemizin dikkatinden kaçmadı. Âişe annemiz kapının aralığından baktığında bineğinin üzerinde zırhı ve sarığıyla heybetli bir adam gördü. Üzerindeki tozu silkeleyerek Sevgili Peygamberimiz'e sesleniyordu. Onun sesini duyar duymaz Efendimiz ok gibi fırlayıp yanına vardı. Gelen vahiy meleği Cebrail'den başkası değildi.

Sevgili Peygamberimiz'e,

— Ey Allah'ın Resûlu silahlarınızı bırakmanız konusunda ne kadar da acele ediyorsunuz, dedi. Düşman geldiğinden beri melekler olarak bizler silahlarımızı bir kenara koymadık. Şu anda da onları takip ettikten sonra bir şey yapamayacaklarından emin olarak geri dönmekteyiz. Allah onlara büyük bir yenilgi yaşattı. Allah seni affetsin. Biz işin peşini bırakmadan sizler niye kenara çekildiniz? Haydi gidiyoruz. Çünkü Allah'ın sana Kureyza kabilesiyle düşmanlarla savaş emri var. Şimdi ben yanımdaki meleklerle birlikte onların kalelerini sarsmak için onların yurduna gidiyorum. Arkadaşlarını al, sen de gel.

Bu davet Âişe annemizi hayrete düşürmüştü.

Sevgili Peygamberimiz ise,

— Arkadaşlarım çok yorgun, dinlenmeleri için birkaç gün müsaade etsen, diye karşılık verdi.

Hazreti Cebrail ısrarlıydı.

Hiç bekleme, onların üstüne hemen yürü. Allah'a yemin olsun ki ben üzerlerine balyoz gibi ineceğim ve yurtlarıyla beraber onları yerle bir edeceğim.

Bunları söyler söylemez Hazreti Cebrail döndü ve yanındakilerle beraber ilerlemeye başladı. Âişe annemiz (radıyallahu anha) bu konuşmayı dikkatle takip etmişti.

Geri dönen Peygamberimize sordu.

— Ey Allah'ın Resûlü bu konuştuğun da kimdi?

— Yoksa sen onu gördün mü, dedi Peygamber Efendimiz.

— Gördüm, dedi.

Bunun üzerine Sevgili Peygamberimiz,

— Peki kime benzettin, diye sordu.

— Arkadaşlarından Dıhye'ye, diye cevapladı Âişe annemiz.

Peygamberimiz (sallallahu aleyhi ve sellem) şunları söyledi.

— O gelen Cebrail'di. Kureyza kabilesi üzerine yürümemi emrediyor.

Teyemmüm

Savaş bitmiş Peygamberimiz (sallallahu aleyhi ve sellem) arkadaşlarıyla birlikte Medine'ye dönüyordu. Ordu zâtü'l-ceyş denilen yerde mola vermişti. Bu sırada Âişe annemiz ablası Esma'dan aldığı kolyenin kaybolduğunu fark etti. Kolye emanetti. Bu yüzden ne yapıp edip kolyenin bulunması gerekiyordu. Âişe annemiz (radıyallahu anha) gecenin karanlığında aradı ama kolyeyi bulamadı. Sonunda gidip konuyu Peygamber Efendimiz'e açtı. Efendimiz (sallallahu aleyhi ve sellem) de kalktı ve Âişe annemizle birlikte kolyeyi aramaya başladı. Onların bu halini görenler de kolyeyi aramaya yardımcı oldu. Ancak aramak bir şeyi değiştirmiyordu. Sonunda kolyenin bulunmayacağını anlayınca istirahata çekildiler. Sevgili Peygamberimiz (sallallahu aleyhi ve sellem) mübarek başını Âişe annemizin dizine koymuş dinleniyordu. Bu arada kolye yüzünden burada kalmaktan sıkılanlar da vardı. Çünkü ordunun yanında hiç su kalmamıştı. Durumu Hazreti Ebubekir'e açtılar. Sabah namazına az bir zaman kalmıştı. Ancak abdest almak için dahi su yoktu. Hazreti Ebubekir (radıyallahu anhu) bu duruma sessiz kalmayacaktı. Doğruca Hazreti Âişe'nin yanına geldi ve ona kızdı.

— Burada insanları da Hazreti Peygamberi de sen alıkoydun. Kimsenin yanında bir yudum su yok.

Âişe annemiz zor durumda kalmıştı. Çünkü dizinde sevgili Peygamberimiz (sallallahu aleyhi ve sellem) uyuyordu. O'nun rahatsız olmasını istemiyordu. Derken iki cihan Peygamberi uyandı. Sabah namazının vakti girmişti. Ancak abdest almak için su yoktu. Herkes kara kara ne yapacağını düşünürken Peygamber Efendimiz'deki değişikliği fark ettiler. Çünkü sema kapıları aralanmış Hazreti Peygamber'e vahiy gelmeye başlamıştı. O'na vahiy gelirken kış günü bile buram buram terlerdi. Vahiy hali bittikten sonra Sevgili Peygamberimiz (sallallahu aleyhi ve sellem) ashabına gelen bildirdi. Buna göre suyun olmadığı yerde temiz toprağa teyemmüm ederek abdest alınabilecekti.

Herkesin yüzü gülmeye başlamıştı. Az önce kızına öfkelenen Hazreti Ebubekir (radıyallahu anhu) şimdi Âişe validemize şöyle söylüyordu.

— Kızım sen ne mübarek bir insanmışsın. Baksana senin sebep olduğun bir gecikmeyle Allah (celle celaluhu) Müslümanlara bereket ve kolaylık ihsan etti.

Derken namazlar kılındı ve yeniden yolculuk başladı. Ancak yerinden kalkan bir devenin altında parlayan kolye, Âişe annemizin dikkatinden kaçmadı. Eğilip yakından baktığında onun ablası Esma'dan emanet aldığı kolye olduğunu anlamıştı. Böylelikle Âişe annemizin sevinci ikiye katlandı.

Sevgili Peygamberimiz'in Hastalığı

Sevgili Peygamberimiz (sallallahu aleyhi ve sellem) arkadaşlarından birisinin cenazesi için mezarlığa gitmişti, dönüşte başı ağrımaya başladı. Ateşi vardı. Bu sıralarda Âişe annemizin de başı ağrıyordu. Annemiz Sevgili Peygamberimiz'e döndü ve "Ah başım!" dedi. Efendimiz de "Ah başım!" dedi. Bundan sonraki günlerde Peygamber Efendimiz'in hastalığı hiç iyileşme göstermedi. Ancak hastalığına rağmen mescide geliyor arkadaşlarına namaz kıldırıyordu. Bu arada ailesinin diğer fertlerinden de izin alınmıştı. Artık Sevgili Peygamberimiz hastalığı boyunca Âişe annemizin yanında kalacaktı. Peygamber Efendimiz'in hastalığı ilerleyince ateşi çok yükseldi ve bayıldı. Bir müddet sonra kendine gelince,

Âişe annemize şöyle dedi.

— Değişik kuyulardan su alın ve onları üzerime yedi kez dökün. Çünkü ben insanların arasına çıkıp onlarla konuşmak istiyorum.

Âişe annemiz (radıyallahu anha) hemen harekete geçti. Medine'nin yedi farklı kuyusundan su getirildi. Gelen sular Efendimiz'in üzerine döküldü.

Sevgili Peygamberimiz (sallallahu aleyhi ve sellem) kendisini daha iyi hissetmeye başlayınca,

— Artık yeter! Bu kadarı kafi, buyurdu.

Peygamber Efendimiz güçlükle ayağa kalktı. Yanındakilerin yardımıyla mescide yöneldi.

Mescide geldikten sonra arkadaşlarına şöyle seslendi.

— Ey insanlar! Bana yaklaşın. Sakın, benim mezarımı ibadet edilen bir puthaneye çevirmeyin. Sizden kimi incitmişsem, işte sırtım; gelsin ve sopasıyla vurarak benden hakkını alsın. Her kime ağır söz söylemişsem ve gönlünü kırmışsam, gelsin ve içindekini bana söyleyerek hakkını alsın.

İçlerinden birisi ayağa kalktı ve üç dirhem alacağı olduğunu söyledi.

Peygamberimiz (sallallahu aleyhi ve sellem) hemen yeğenine döndü ve hakkını isteyen kişiyi göstererek,

— Ey Fadl, ona bunu ver, dedi.

Daha sonra Peygamber Efendimiz (sallallahu aleyhi ve sellem) sözü ensara getirdi.

— Size, ensarın kıymetini bilmenizi vasiyet ediyorum. Çünkü onlar, benim gözümün nurudur. Aynı zamanda onlar, kendilerine düşeni hakkıyla yerine getirmiş kimselerdir. Bu yaptıklarının mükafatını da alacaklardır. Ancak bugün ensar, etraflarında her geçen gün artan insanlar arasında azınlıkta kalmıştır. Unutmayın ki onlar yemekteki tuz gibidirler. Onlar üzerinde idareci olursanız, yaptıklarından iyi olanları kabul edin; yanlış olanları affedin. Allah kulunu dünya hayatının güzellikleri ile ahiret arasında serbest bıraktı. Kul, ahireti tercih etti.

Sevgili Peygamberimiz sözlerini bitirir bitirmez mescidin bir köşesinden bir ses yükseldi.

"Anamız babamız sana feda olsun ey Allah'ın Resûlü!"

Bu, Hazreti Âişe'nin babası Hazreti Ebubekir'den başkası değildi. Hazreti Ebubekir (radıyallahu anhu) sezişi ince, kavrayışı kıvrak bir insandı. Efendimiz'in sözlerinden bunun bir vedalaşma olduğunu anlamıştı.

Âişe Annemizin Sinesinde Ebedî Yolculuk

Sevgili Peygamberimiz'in hastalığı her geçen gün ilerliyordu.

Bir gün Âişe annemize sordu.

— Namaz kılındı mı?

Âişe annemiz:

— Hayır yâ Resûlallah! Sizi bekliyorlar, dedi.

Efendimiz:

— Abdest alabilmem için su hazırlayın, buyurdu.

Peygamber Efendimiz'in istediği yerine getirilmişti; abdestini aldı. Ancak namaza çıkacağı sırada yeniden bayıldı.

Kendine geldiğinde hemen sordu.

— İnsanlar namaz kıldı mı?

Âişe Annemiz:

— Hayır yâ Resûlallah! Sizi bekliyorlar, dedi.

Bunun üzerine Peygamberimiz,

— Ebubekir'e söyleyin, namazı kıldırsın, buyurdu.

Ancak Âişe annemiz, Sevgili Peygamberimiz'e şöyle bir teklif sundu.

— Ey Allah'ın Resûlü! Ebubekir yufka yürekli bir insandır; Kur'ân-ı Kerim okumaya başladığında gözyaşlarına hakim olamaz. Bunun için, Ebubekir'den başka birisine emretseniz.

Âişe annemiz (radıyallahu anha) muhtemelen korkuyordu. Çünkü Sevgili Peygamberimiz'in imamlık yaptığı mihrabı ondan başkası dolduramazdı. Ona göre Efendimiz'in mihrabında bulunan kişinin çokça eleştirilmesi de kaçınılmazdı. Bu yüzden babasının Sevgili Peygamberimiz'in mihrabında imam olmasını istemiyordu.

Ancak Sevgili Peygamberimiz kararlıydı.

— Ebubekir'e söyleyin, namazı o kıldırsın.

Sevgili Peygamberimiz kararlıydı kararlı olmasına ama Âişe annemiz de isteğinde ısrarlıydı. Sevgili Peygamberimiz'in mihrabında duracak olan kişinin, babası olmasını istemiyordu.

Peygamber Efendimiz bu konuyu şöyle sonuca bağladı.

— Sanki sizler de Yusuf konusunda birbirine düşen kadınlar gibisiniz! Ebubekir'e söyleyin, insanlara imam olup namazı kıldırsın!

Bir ara Sevgili Peygamberimiz kendini biraz iyi hissedince iki kişinin yardımıyla mescide geldi. Bu sırada Hazreti Ebubekir de cemaate öğle namazı kıldırıyordu. Hazreti Ebubekir (radıyallahu anhu), Efendimiz'in geldiğini hissedince geri çekilmek istedi. Bunun üzerine Sevgili Peygamberimiz eliyle işaret ederek imamlığa devam etmesini emretti.

Sonra da yanındakilere dönerek,

— Beni onun yanına oturtun, buyurdu.

Efendimiz'in hastalığı ilerlemişti. Kölelerini hürriyete kavuşturdu ve altı ya da yedi dinar sadaka verdi. Sanki her şeyini dağıtacak gibiydi. Elinde bulunan silahları müminler arasında paylaştırdı. Dünya adına neye sahipse hepsini dağıtıyordu. Adeta dünyaya geldiği gibi dünyadan gitmeyi hedefliyordu. Evde yiyecek namına bir şey kalmamıştı. Bu yüzden Efendimiz'in zırhı otuz ölçek arpa karşılığında komşularından bir Yahudi'ye rehin olarak verilmişti. Sabah namazı için Hazreti Bilal ezan okumuştu. Sahabe, Hazreti Ebubekir'in arkasında namaz kılıyordu. Peygamber Efendimiz mescide açılan kapının perdesini araladı ve ashabına dünya gözüyle son defa baktı. Mübarek yüzünde tatlı bir tebessüm belirdi. Çünkü arkasında kulluğunu yerine getiren bir ümmet bırakıyordu. Hazreti Ebubekir Sevgili Peygamberimiz'i hissetti ve namazı Efendimiz'in kıldırması için geri çekilmek istedi.

Ancak Peygamberimiz eliyle işaret ederek,

— Yerinizde durun ve namazınızı tamamlayın, dedi.

Ardından da huzurla perdeyi indirdi ve Âişe annemizin odasına girdi.

Bir ara Sevgili Peygamberimiz (sallallahu aleyhi ve sellem) Âişe annemize dönerek,

— Ey Âişe! O altınları ne yaptın, dedi.

Annemiz hemen gidip Efendimiz'in kastettiği altınları getirdi.

Onları avucuna almış sayıyordu.

... beş, altı, yedi.

Bir taraftan da şunları söylüyordu.

— Bunlar yanında olduğu halde Muhammed, (sallallahu aleyhi ve sellem) Rabbinin huzuruna nasıl gidebilir? Al bunları ve hemen sadaka olarak dağıt.

Peygamber Efendimiz'in (sallallahu aleyhi ve sellem) son demlerindeydi. Mübarek başını Âişe annemizin sinesine yaslamıştı. Kara gözleri yukarıya bakıyordu. Bu sırada huzura, Âişe annemizin kardeşi Hazreti Abdurrahman girdi. Sevgili Peygamberimiz'in gözü onun elindeki misvaktaydı.

Bu durumu fark eden annemiz sordu.

— Onu, senin için alayım mı?

Evet, dercesine başını sallıyordu.

Âişe annemiz hemen kardeşinden onu aldı ve Efendimiz'e vermek istedi.

Ancak misvak çok sertti.

Bunun üzerine annemiz sordu.

— Onu senin için ıslatayım mı?

Sevgili Peygamberimiz 'olur' manasına başına salladı.

Annemiz hemen misvakı alarak yumuşattı.

Ardından da Efendimiz'e uzattı. Sevgili Peygamberimiz Âişe annemizden misvakı aldı. Ardından da titizlikle dişlerini fırçaladı.

Nebiler Sultanı son nefesini vermek üzereydi.

Âişe annemiz kulağını yaklaştırdığında Efendimiz'in şöyle bir dua mırıldandığını duydu.

— Peygamberler, şehitler ve salihlerden kendilerine nimette bulunduklarınla beraber beni de affet ve rahmetinle sarmala. Artık beni yüce dostluğuna kabul buyur. Allah'ım! Yüce dostluğunu istiyorum. Allah'ım! Yüce dostluğunu istiyorum. Allah'ım! Yüce dostluğunu istiyorum.

Sevgili Peygamberimiz'in bu duası Âişe annemizin yüreğini yangın yerine çevirmişti.

"Artık bizimle birlikte olmayacak..."

Âişe annemiz (radıyallahu anha) çareyi dua etmekte buldu. Efendimiz'in mübarek elini, eline almış dua ediyordu. Bu esnada beklemediği bir şey oldu. Sevgili Peygamberimiz'in mübarek eli, Âişe annemizin avucundan yandaki su kâsesine doğru kayıverdi. O anda yüreğinden bir şeylerin koptuğunu hissetti. Çünkü Allah Resûlü (sallallahu aleyhi ve sellem) Yüce Yaradan'ın yüce dostluğuna kavuşmuştu.

Annemiz günlerdir boğazında düğümlenen hıçkırıklara engel olamıyordu. Ancak o, Sevgili Peygamberimiz'in eşi olduğu için bütün inananların annesi durumundaydı. Bu yüzden metin olması gerekiyordu. O da bunun gereğini yerine getirdi. Öncelikle Efendimiz'in başının altına yastık koydu. Sonra da insanlara seslenerek acı haberi verdi.

Âişe Annemiz ve İlim

Aişe annemiz (radıyallahu anha) Peygamber Efendimiz'in yanında olmanın artısıyla dine ait ilimlerde kendisini çok iyi yetiştirdi. Zekası, kabiliyeti, ilme duyduğu merak onu sahabenin önde gelenleri arasına yerleştirdi. Aklına takılan her şeyi Sevgili Peygamberimiz'e sorardı. Birçok konu onun sorularıyla aydınlık kazanırdı. Bundan dolayı da Efendimiz'in vefatından sonra onun evi küçük büyük, kadın erkek herkesin gelip dini sorular sorduğu ilim irfan ocağı haline geldi.

Bir gün kendisine Sevgili Peygamberimiz'in ahlakı soruldu.

Annemiz bu soruya soru ile karşılık verdi.

— Siz hiç Kur'ân-ı Kerim okumuyor musunuz? Efendimiz'in ahlakı Kur'ân idi.

Âişe annemize yine sordular.

— Bize Efendimiz'in gece namazını anlatır mısın?

Âişe annemiz bu soruya da soru ile cevap verdi.

— Sizler, Müzzemmil Suresini okumuyor musunuz?

Âişe Annemizin Vefatı

Aişe annemiz (radıyallahu anha) Peygamber Efendimiz'in vefatından sonra uzun yıllar yaşadı. Hayatının bu döneminde yüce dinimiz İslam'ın insanlara doğru bir şekilde anlatılmasını sağladı. Bu kutlu görevini yerine getirdiği bir Ramazan ayı içerisinde Rabbine kavuştu. Cenaze namazını Sevgili Peygamberimiz'in güzide arkadaşlarından Hazreti Ebu Hureyre (radıyallahu anhu) kıldırdı. Cenazesi mahşer yeri gibi kalabalıktı. Vefatını duyanlar cenazesine koşmuşlardı. Çünkü Peygamber Efendimiz'in sevgili eşi ve ahirete kadar tüm inananların annesi idi.

Rabbim rahmeti ile muamele etsin. Bizleri de onların şefaatine mazhar olanlardan eylesin. (amin)